蒙台梭利早教游戏训练④

0~5岁儿童优秀性格养成训练

[意]玛丽亚·蒙台梭利◎著
蒙台梭利丛书编委会◎编译

中国妇女出版社

图书在版编目（CIP）数据

蒙台梭利早教游戏训练.4，0～5岁儿童优秀性格养成训练 / (意) 蒙台梭利著 ; 蒙台梭利丛书编委会编译. --北京 : 中国妇女出版社, 2016.2（2025.2重印）

ISBN 978-7-5127-1242-3

Ⅰ.①蒙… Ⅱ.①蒙… ②蒙… Ⅲ.①性格—培养—学前教育—教学参考资料 Ⅳ.①G613

中国版本图书馆CIP数据核字(2015)第301025号

蒙台梭利早教游戏训练4 **0～5岁儿童优秀性格养成训练**

作　　者：〔意〕玛丽亚·蒙台梭利　著　蒙台梭利丛书编委会　编译
插图作者：花蕾动漫
选题策划：姜　喆
责任编辑：王　琳
封面设计：尚世视觉
责任印制：李志国
出版发行：中国妇女出版社
地　　址：北京市东城区史家胡同甲24号　邮政编码：100010
电　　话：(010) 65133160（发行部）　65133161（邮购）
网　　址：www.womenbooks.cn
法律顾问：北京市道可特律师事务所
经　　销：各地新华书店
印　　刷：北京中科印刷有限公司
开　　本：185×210　1/24
印　　张：4
字　　数：100千字
版　　次：2016年2月第1版
印　　次：2025年2月第19次
书　　号：ISBN 978-7-5127-1242-3
定　　价：19.80元

前言

玛丽亚·蒙台梭利（1870~1952），意大利第一位女医学博士，20 世纪享誉世界的杰出幼儿教育家。她在实验、观察和研究的基础上，创办了给世界教育进程带来深刻变革的蒙氏幼儿早期教育法，对欧美国家的教育和社会发展产生了深远的影响。

蒙台梭利认为，儿童都是渴望游戏的，因为游戏是他们认识世界的途径。如果儿童的全部精神力量都专注于功课，他们的生活就会变得枯燥乏味。儿童应该学习知识，但首先应该有着多方面的兴趣、要求和愿望。

儿童有一种与生俱来的“内在生命力”，而教育只是为了促进儿童“内在潜能”的发挥。因此，成人不能压制儿童的发展，更不能干涉他们的自由行动，而要因势利导，顺应儿童的天性，让其在游戏中成长。

为了让孩子更好地发挥潜能，我们策划出版了这套“蒙台梭利早教游戏训练”系列丛书。本套书中所有的游戏训练都源自蒙氏原著，结合当下儿童成长的环境和实际需要进行了适当的调整，可以说是为中国儿童量身打造的蒙氏早教游戏训练。另外，本套书基本不需要辅助额外的材料，就可以让父母与孩子轻松体验蒙氏教育的奇妙。

优秀性格养成训练是蒙氏教育的重要组成部分。《0~5 岁儿童优秀性格养成训练》把蒙氏教育精髓融入快乐的训练，让儿童直接感受生动、有趣的早教游戏，激发出内在生命力。

另外，对于本书的使用，有如下几点提请父母注意：

- 本书将游戏的难度按照孩子的一般发育情况进行了标注，如 3 星代表 3 岁。但 0~5 岁的孩子个体差异较大，相同年龄段的孩子可能会有不同的表现。一般情况下，家长不用为孩子不能很好地完成某个训练而过分担心。
- 不要让孩子一个人完成这些训练，父母可以根据每个训练下面的“蒙氏智语”或“蒙氏方略”以及自己孩子的发育情况进行拓展。
- 本书的训练目的在于培养孩子的性格，为孩子优秀品格的建立打下夯实的基础。推荐您参考其余 5 本相关图书（内容涉及感觉、语言、智力、生活能力、数学），让它们互为补充，可以更有效地提高孩子的综合能力，促进孩子全面发展。

蒙台梭利丛书编委会
2015 年 12 月

目录

Part 1 意志与自主纠错——让孩子认识自己

Part2 秩序与纪律——让孩子适应环境

Part3 交友与合作——让孩子融入集体

Part4 精神与道德——让孩子完善自我

Part5 性格与心理——让孩子走上正轨

Part 1

意志与自主纠错
——让孩子认识自己

★抓住小星星

难度★☆☆☆☆

游戏方法：在小宝宝面前晃一晃这张图，激发宝宝的主动性，让他伸手去够小星星。

蒙氏智语

儿童最开始表现出来的行为源于一种基本的外界刺激。外界刺激是一种真正的精神乳汁。我们能够通过孩子的小脸发现他的注意力表现出惊人的高度集中。

穿珠子

难度 ★★☆☆☆

游戏方法：将图中的珠子用一条线连起来。

蒙氏智语

一些基本的动作协调运动以及理解力的培养一定要从婴儿时期就开始。

我说你指

难度 ★★☆☆☆

游戏方法：家长随意说出图中的一个物品名称，让孩子用手指出那个物品。

蒙氏智语

当孩子完成了直接指向某一特定目的的协调动作时，当孩子耐心地重复练习时，当孩子完成了他要做的事情时，他正在训练自己的意志力。

卡片配对

难度 ★★☆☆☆

游戏方法：观察下面的卡片，将一样的连上线。

蒙氏智语

最重要的事情并不是改正错误，而是先将自己的错误辨识清楚，因此指导孩子认识错误在其成长过程中具有重要意义。

对比找不同

难度★★★☆☆

游戏方法：仔细观察下面的积木，将它们不一样的地方圈出来。

蒙氏方略

对比辨析不同，同时提高观察力。

一样的帽子

难度 ★★★☆☆

游戏方法：找出与西西所戴的一样的帽子，并用笔圈出来。

蒙氏智语

在培养孩子的耐心时，我们要结合行动，让孩子学会用行动体现自己的意志。

猜物品

游戏方法：仔细观察以下图形，猜一猜它们是什么。

蒙氏智语

无论孩子的答案是什么，都让他说一说自己的理由，这样有助于激发孩子的潜能。

有一个反了

难度★★★☆☆

游戏方法：仔细观察一下，看看每排中哪一个图案是反的。

蒙氏智语

每个人在成长的过程中都会犯错，我们必须承认错误的存在，并用正确的态度来看待它。

巧拼图

难度 ★★★★☆

游戏方法：仔细观察上半部分的图形，用线将下半部分可以拼成一个动物的碎片连起来。

蒙氏智语

让孩子在游戏中磨炼意志，培养耐心，拥有克服困难的勇气。

谁做错了

难度★★★★☆

游戏方法：仔细观察下图，将做错的小朋友圈出来。

蒙氏智语

错误出现在生活中的任意角落，想让孩子变得完美，就要让他善于认识错误，并积极改正。

小老师

难度★★★★☆

游戏方法：仔细观察下图，将同类的两个物体分别圈出来，再让孩子讲一讲这些物体都是做什么的。

蒙氏方略

不管孩子如何进行分类，都请他说一说这样分的理由。

选择哪一个

难度★★★★☆

游戏方法：看一看小动物拿着的形状能放入哪一个框里，再将它们连起来。

蒙氏智语

如果孩子思路不清晰，他的思维就会停留在杂乱无章的状态。因此，我们要让孩子建立起自主意识，并提升他这方面的能力。

缺的是哪个

难度★★★★☆

游戏方法：在左侧的3个图形碎片中找出右图缺少的部分，并在那张图下画“√”。

蒙氏方略

反复做这个游戏可以提高孩子的观察能力。

小小饲养员

游戏方法：观察下面的小动物与食物，将相应的两项连起来。

蒙氏智语

做这个游戏，孩子不仅要具备一定的观察能力，平时的常识积累也很重要。

照镜子

难度★★★★★

游戏方法：仔细观察镜子中的物品，看看哪些是错误的，用笔圈起来。

蒙氏智语

为了让孩子学会自主发现错误，进而学会改正错误，我们可以在日常生活中设计一些明显的错误，以便提高孩子自主纠错的能力。

Part2

秩序与纪律

——让孩子适应环境

顺序变了

难度 ★☆☆☆☆

游戏方法：家长将这张图拿到孩子面前，让他看变换的图案顺序，激发他的秩序感。

蒙氏智语

孩子从出生后第一年开始，就对秩序表现得非常敏感，我们将这一时期称为“秩序敏感期”。

不听话的明明

难度 ★★☆☆☆

游戏方法：让孩子看一看下面的漫画，并让他试着讲讲他看到了什么，最后问问他明明哪里做错了。

蒙氏智语

受到抵触心理的影响，孩子其他方面的能力会脱离正轨，他不仅会对这个世界感到厌烦，而且无法从学习中获得生存的本领，这对孩子今后的成长十分不利。

布置房间

难度 ★★☆☆☆

游戏方法：房间里有好多东西都放错地方了，请找出物品正确的摆放位置，让孩子用手指出来。

蒙氏智语

孩子所处的环境是封闭的，每当成人移动其中的某些物品时，处于秩序敏感期的孩子就会变得焦躁不安。

手指扭扭乐

难度 ★★★☆☆

游戏方法：家长给出活动指令，如“用右手食指点红色圆点”“左手中指点绿色圆点”等，让孩子按命令点图。

蒙氏方略

在孩子熟悉游戏过程后，家长可适当增加难度，如“右手食指点住红色圆点不动，小拇指点黄色圆点”等。家长也可以和孩子一起进行游戏，互出指令，先出错的输。

照着做一做

难度 ★★★☆☆

游戏方法：请模仿图画中人物的动作。

蒙氏智语

儿童的行为活动表明，远在能自由运动和获得经验之前，他们就已经对身体的各种姿势具有了高度的敏感。

到哪个碗里去

难度 ★★★☆☆

游戏方法：仔细观察下面这3个小球，看看它们都要到哪个碗里去。

蒙氏智语

让儿童感兴趣的并不是找到东西，而是在它该出现的地方找到它。

看看哪个对

难度★★★☆☆

游戏方法：仔细观察印章上的图形，找出哪一个是印章印出来的图形。

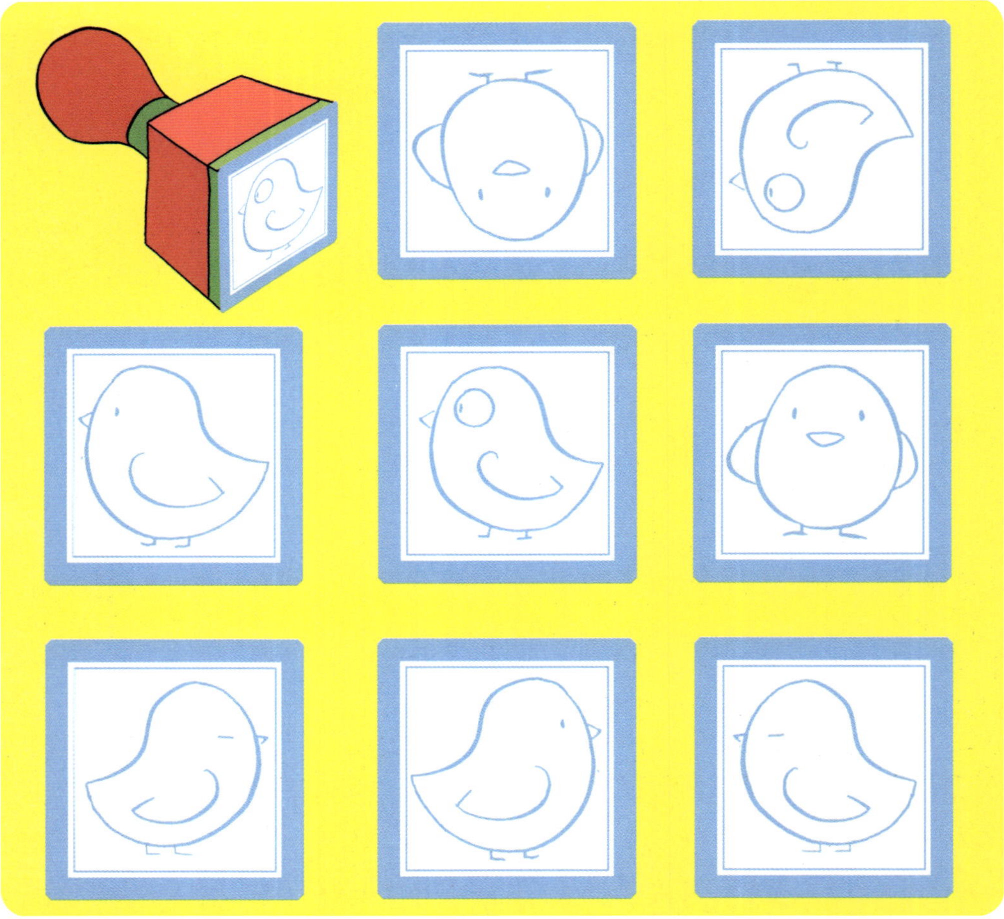

蒙氏智语

敏感性是大自然赋予儿童的天性，是一种内在的感觉，它不仅能区分物体本身，也能区分物体之间的关系。

购物清单

难度

游戏方法：请标出购物清单上没有的物品。

蒙氏方略

父母平时可以收集一些超市海报，把要买的物品剪下贴在购物清单上，再带孩子去购物，以此培养孩子的秩序感。

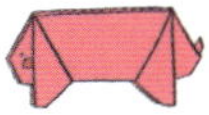

动动手，折小猪

难度

游戏方法：按照下图所画步骤，折一头小猪。

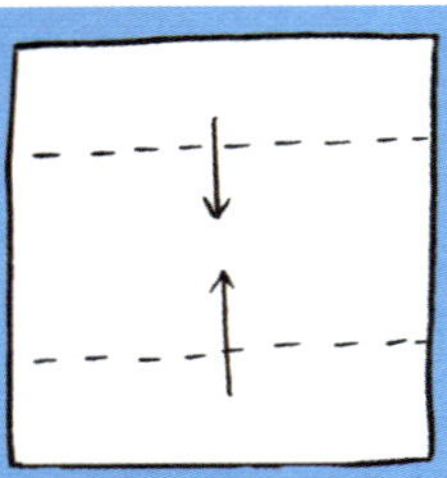

①沿着虚线从箭头方向折叠。

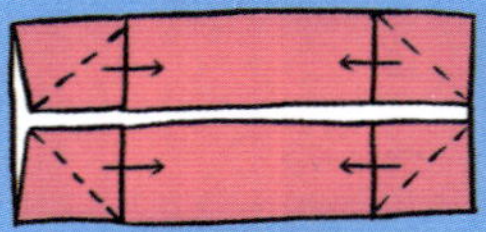

②沿着虚线折成③的形状。

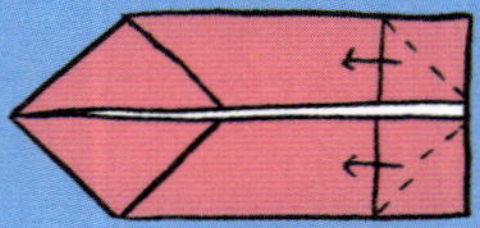

③把右边完成。

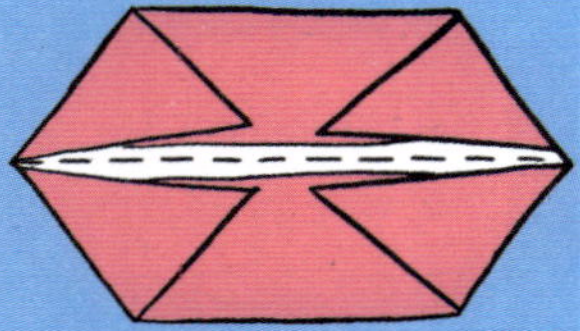

④沿着虚线折叠。

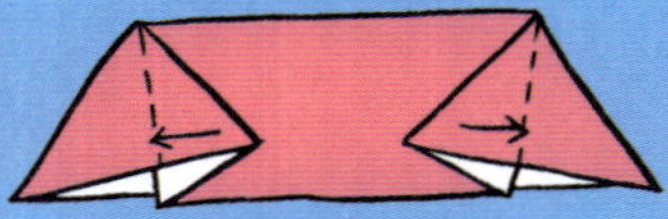

⑤沿虚线朝箭头方向折叠。

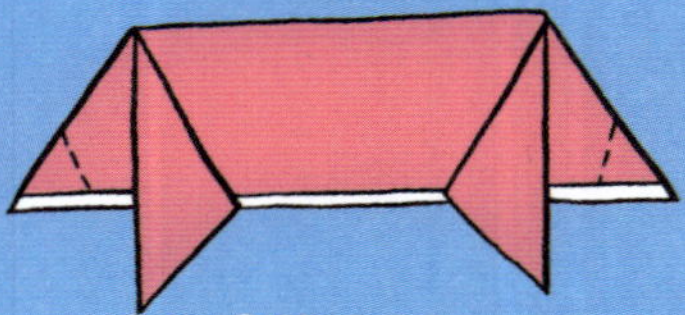

⑥沿虚线翻折。

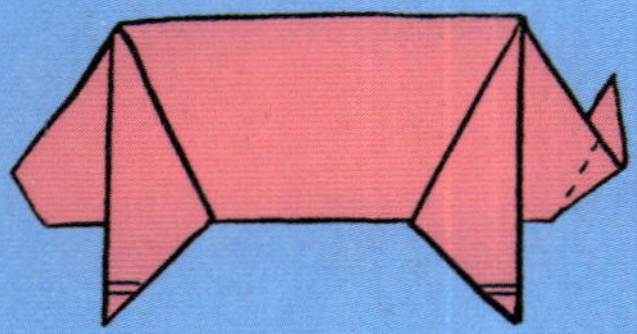

⑦按图示剪掉，沿虚线折叠。

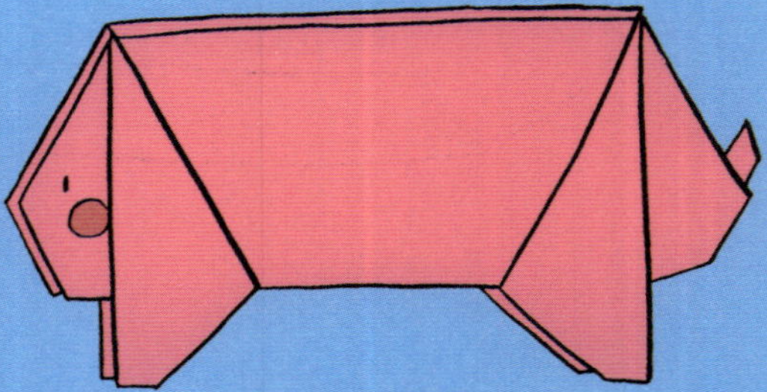

⑧画上眼睛即成小猪。

蒙氏智语

儿童只有运用自己的双手去劳动，才能获得自身的发展。

找找停车场

难度

游戏方法：图中有 4 种不同的汽车，请沿着下面的线走，看看这 4 辆汽车的停车场分别是哪一个。

蒙氏智语

通过智慧运动的进行，儿童的精神力量就会不断扩大，会给儿童一种真正的满足感，还有征服自我的骄傲感。

衣服对不对

难度★★★★☆

游戏方法：仔细观察下面这5个人的衣服，指出其中的错误。

蒙氏方略

这个游戏还可以利用晾干待整理的衣服进行，让孩子学会分类，培养他的秩序感和生活自理能力。

作息表

难度★★★★☆

游戏方法：在左边的钟面上画上时间。画好后，家长可以把这页剪下来，贴在孩子看得到的地方，让他按照作息表去做，养成好习惯。

蒙氏智语

制订作息时间表应该考虑两方面：一是学习时间的长短；二是生活活动的时间。

数字鹦鹉

难度 ★★★★☆

游戏方法：请将下面数字按顺序连起来，一只鹦鹉就画好了。

蒙氏智语

按顺序连数字，不仅培养了孩子的秩序感，还帮助孩子熟悉数字排序。

捉迷藏

难度★★★★★

游戏方法：仔细观察下图，请找出图中有几种动物。

蒙氏智语

集中注意力是儿童发展中最重要的问题，是儿童一生性格形成和社会行为产生的基础。

Part3

交友与合作

——让孩子融入集体

谁和谁是好朋友

难度★★☆☆☆

游戏方法：仔细观察下图，找出图中谁和谁是好朋友，并说一说他们在干什么。

蒙氏智语

孩子可以形成多样化的性格，年龄在其中起着重要的作用，所以我们应该尽可能让不同年龄的孩子互相接触。

击鼓传球

难度 ★★☆☆☆

游戏方法：把小球涂上自己喜欢的颜色。涂好后，父母给孩子讲一讲什么是“击鼓传球”，并和他一起玩一下这个游戏。

蒙氏智语

这种重复、等待有助于加快儿童的成熟，这样儿童才能逐渐适应社会。

肃静游戏

难度★★★☆☆

游戏方法：家长与孩子面对面坐好，一起聊天，然后家长边说“嘘，不要说话了，看谁坚持的时间长”，边与孩子一起静坐几分钟。如果孩子能坚持1分钟，就算孩子赢。

蒙氏智语

“肃静游戏”是培养孩子集体意识常用的方法。经过反复练习，孩子的群体意识越来越强，能够长时间地保持肃静状态。

火车钻山洞

难度★★★☆☆

游戏方法：下面 2 幅图中有 4 处不一样，用笔将它们圈出来。

蒙氏方略

“火车钻山洞”是孩子互相配合才能进行的游戏，所以家长可以鼓励孩子多和小伙伴进行这个游戏，学会与他人合作。

愉快的一天

难度 ★★★★☆

游戏方法：仔细观察下列 4 幅图，将图片正确的顺序标出来。

蒙氏智语

人有一种本性的需要，就是在群体中生活，这是自然现象。

一起去滑冰

难度★★★★☆

游戏方法：明明和平平约好一起滑冰，请为下面的故事编上正确的序号吧。

蒙氏方略

排顺序的游戏能够考查孩子的逻辑思维能力，本题的故事也告诉孩子交友的乐趣。

寻找双胞胎斑马

难度 ★★★★☆

游戏方法：全家人一起仔细观察下图，比比看谁先找出有着一模一样斑纹的斑马。

蒙氏智语

团体意识不依赖于竞争，它是自然的产物。它的获得也不是以灌输的方式进行的，而是儿童通过自身的努力而取得的结果。

篮球赛

游戏方法：从下图的“★”开始画，一直画到“●”，看一看篮球是如何运过去的。

蒙氏方略

画好后给孩子讲一讲篮球比赛是什么，告诉他只有队员相互之间配合好才能打好比赛。

分果果

难度★★★★★

游戏方法：每个小朋友都想吃水果，分哪一盘水果，才是公平的呢？

蒙氏智语

我们应该看到孩子内心深处的美好，并通过恰当的方式来引导他们的行为。

寻找小猫咪

难度★★★★☆

游戏方法：让孩子和其他小朋友一起观察下列图片，找出哪一张图片是小猫咪，并记住它现在的位置。然后翻到下一页，比赛谁先回忆起小猫咪所在的位置。

蒙氏智语

一个正常的儿童是有保护动物的倾向的。

小猫分鱼

难度 ★★★★☆

游戏方法：用笔画两条线，将桌子上的食物平均分给每一只小猫。

蒙氏智语

在儿童道德训练中，不要让孩子对物质产生依赖。如果孩子依赖于某种物质，他们的心灵就会偏离正轨。因此，成人需要对孩子加以引导，以便让他从自身发展的活动中获得前进的动力。

给小红帽指路

难度 ★★★★☆

游戏方法：想一想小红帽走哪条路能最快回到家。

蒙氏智语

与成人不同，孩子不会随便向他人提供帮助，只有当他们认为对方真正需要帮助时，他们才会有所行动。

公交出发了

难度★★★★★

游戏方法：下图中“戴帽子的乘客逃票了”“一个老婆婆上车了”“有一个小偷在偷东西”“一个人将瓜子皮吐得到处都是”，让孩子扮成公交售票员，指出上面所描述的乘客，并问一问他该怎么做。

蒙氏智语

当孩子意识到自己属于集体的一部分时，他们考虑问题的角度就会逐渐从个人转向群体。

Part4

精神与道德
——让孩子完善自我

谁在笑

难度 ★★☆☆☆

游戏方法：看一看下面的 4 种表情，说出或用手指出哪一个在笑。

蒙氏方略

让孩子学认表情，体会他人心理。

帮小兔找胡萝卜

难度 ★★☆☆☆

游戏方法：小兔子要找胡萝卜吃，但是它只看叶子不知道哪一个才是胡萝卜。请将胡萝卜用笔圈出来。

蒙氏智语

儿童具有帮助、鼓励、安慰弱者的本能。

明明爱刷牙

难度 ★★☆☆☆

游戏方法：明明很爱干净，他早晚都会刷牙。你觉得明明应该先做什么呢？请用手指出来。

蒙氏方略

家长可以多在游戏中潜移默化地培养孩子的好习惯。

我给爷爷捶捶背

难度 ★★★☆☆

游戏方法：请将下图中的人物涂上颜色。

蒙氏智语

对儿童来说，成人是令人尊重的，他们从成人那里得到了能够满足他们需要的各种物质和精神方面的帮助。

什么东西容易碎

难度 ★★☆☆☆

游戏方法：下面的物品中哪些容易碎，请将它们圈出来。

蒙氏方略

在游戏过程中提醒孩子平时要轻拿轻放这些易碎的物品，培养孩子的好习惯和爱心。

帮小动物找家

难度★★★☆☆

游戏方法：仔细观察下列小动物的家是哪一个，帮它们连好线。

蒙氏智语

孩子在幼年时期就具备了为穷苦、弱小者提供帮助、安慰的品质，成人应该保护并引导他们的道德行为。

我的小狗

难度★★★☆☆

游戏方法：请将小狗涂上颜色。

蒙氏方略

平时，家长要多培养孩子爱护幼小的意识，激发他心中的保护欲。

排队荡秋千

难度★★★☆☆

游戏方法：小朋友都在排队荡秋千，这时明明来了，他应该站在队伍的哪里呢？请用笔标出来。

蒙氏智语

通过让孩子轮流使用一件物品，孩子会逐渐形成一种好品质——耐心。

谁的礼物

难度 ★★★☆☆

游戏方法：把下列人物和礼物涂上颜色，然后再将礼物和要送的人连上线。

蒙氏智语

孩子的内心潜藏着一种分享的本能，当他们认为必要的时候，会慷慨地奉献出自己的东西。

请谁来帮忙

难度 ★★★★☆

游戏方法：看看下图中的人都在干什么，判断出他们需要找谁来帮忙，并用笔连起来。

蒙氏方略

平时通过对各种职业的观察，引导孩子学会感恩他人的帮助。

垃圾在哪里

难度★★★★☆

游戏方法：请将房间里的垃圾用笔圈出来。

蒙氏方略

在现实生活中，让孩子多参与劳动，在行动中锻炼自己的能力。

妈妈生病了

难度 ★★★★☆

游戏方法：下面 4 幅画的顺序是错误的，请标出正确的顺序。

蒙氏方略

有的时候，父母要特意请孩子帮忙或照顾自己，这样可以帮助孩子在内心种下关怀的种子，激发他的爱心。

扶老奶奶过马路

难度★★★★☆

游戏方法：请用笔在右边的 4 张图里圈出左边的图所缺少的部分。

蒙氏智语

对一个热心肠的孩子而言，帮助别人做事情本身就是一种奖励。

爱护花园

难度★★★★★

游戏方法：按照下面的步骤给家附近的小花园做一个标识牌吧。

1. 准备1块硬纸板（将平时快递用的纸箱剪下即可）和2张白纸。

2. 在硬纸板上裁下2块长为23厘米，宽为17厘米的长方形。

3. 在白纸上分别写上“爱护环境”，并画上一些装饰，然后分别粘在裁好的长方形上，再将四边多余的白纸裁掉。

蒙氏智语

大自然不会白白收取孩子的爱护，它还会给孩子丰厚的报酬。在与大自然的交往中，孩子的人格将变得更加完善。

4. 再在硬纸板上裁下2块长为28厘米，宽为5厘米的长方形。

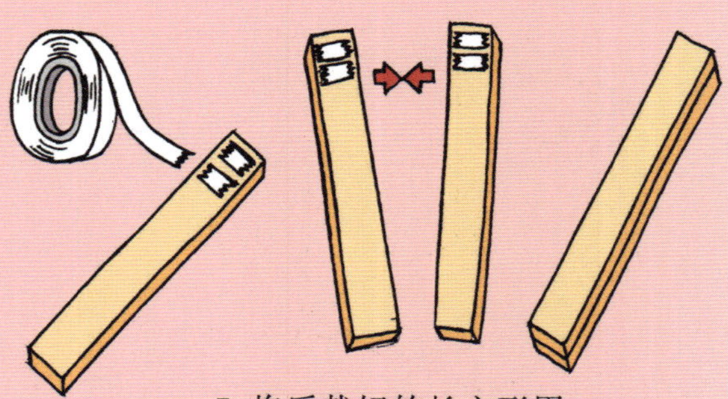

5. 将后裁好的长方形用双面胶背对背粘在一起。

6. 将粘好的长方形上方三分之一处粘在其中一块写有“爱护环境”的长方形的背面。

7. 再将另一块长方形粘好，这样一块“爱护环境”的标识牌就做好了。

小记者

游戏方法：让孩子扮成小记者采访家人或邻居、朋友，然后将采访到的内容画在下面的报纸版面上。

小记者报

xiao ji zhe bao

年 月 日

星期

版

蒙氏智语

通过模仿成人的活动，孩子认识到人类的行为举止，并逐渐学会生活。

Part5

性格与心理——让孩子走上正轨

给小手绢涂色

难度 ★★☆☆☆

游戏方法：给下面的手绢涂上喜欢的颜色。

蒙氏智语

孩子应该拥有自己的意志，并凭借自己的意志来做决定，这对孩子的成长具有极其重要的意义。

我带你参观

难度 ★★☆☆☆

游戏方法：请按照线路图将入口和出口连起来。

蒙氏智语

孩子与动植物的关系类似于老师与他们的关系。随着观察兴趣的逐渐增长，关心生物的热情也随之增长，这样孩子也就会去感激妈妈和老师对他们的爱护。

小兔送糖

难度 ★★★☆☆

游戏方法：小兔要给森林里的小动物送糖，帮它画出路线图吧。

蒙氏方略

让孩子学会分享自己喜欢的东西的同时，也可以让他试着展开想象，讲一讲小兔送糖的途中发生了什么。

帮妈妈收拾房间

难度 ★★★☆☆

游戏方法：请将妈妈面前的物品用线连到它们应该在的位置。

蒙氏智语

在工作中，孩子的态度变得平静，行为表现出目的性，而且他们会用自己的思想来指挥四肢行动，并能够集中精力观察和认识周围的事物。

自己的事情自己做

难度★★★☆☆

游戏方法：仔细观察下面 4 幅图，标上正确的顺序。

蒙氏智语

孩子会因为成人一个微不足道的要求，而将自己的活动抛之脑后，久而久之，孩子就会变懒，进而逐渐丧失活力和创造力。因此，成人必须减轻孩子的依赖心理，让他们获得正常的心理发展。

按指令涂色

难度 ★★★☆☆

游戏方法：父母说出指令，如“将第一排第四只小狗涂成黑色”等，让孩子按照指令涂色。

蒙氏智语

依靠训诫和劝告来实现纪律，不会起作用。那样一种方式在一开始时，也许会表现出一定效率，但很快这种纪律在遇到现实时就成为泡影。

拯救洋娃娃

难度 ★★★★☆

游戏方法：请找出哪一条路线可以救出洋娃娃。

蒙氏智语

在孩子的心灵深处，有一个声音在忠告他们，千万不要忘记自己承担的责任。

哪里错了

难度★★★★☆

游戏方法：请将下图中错误的部分用笔圈出来。

蒙氏智语

让孩子学会找出逻辑上的错误，从而提高他发现问题的能力。

谁拿了小狗的冰激凌

难度 ★★★★☆

游戏方法：小狗的冰激凌不知被谁拿走了，它的冰激凌是草莓味和蓝莓味的，上面还撒了七彩糖。请帮小狗找出拿了他冰激凌的小动物吧。

蒙氏智语

人在生理上会感到饥饿，同样，孩子在心理上也存在饥饿感，因此要让孩子得到充分的活动，来消除饥饿感，满足自己的欲望。

接下来是什么

难度 ★★★★☆

游戏方法：观察第一行图片，想一想接下来会发生什么，用线把将要发生的场景连起来。

蒙氏智语

通过观察不当的行为引发的不良后果，让孩子学会在行动之前先考虑后果。

孔融让梨

难度★★★★★

游戏方法：家长先给孩子讲一讲《孔融让梨》的故事，然后让孩子根据故事内容将梨与人物连上线。注意，其中有一个梨是留给自己的。

蒙氏方略

父母要多注意孩子平时的行为，了解孩子的占有欲。如果孩子起初不愿意分享自己的物品，父母也不要强迫、指责他，而要用恰当的方法引导孩子的行为。

画出小地图

难度 ★★★★★

游戏方法：带孩子在家附近走走，让他熟悉路线，然后以家为起点，画出孩子平时散步的路线，并标上会经过的标志建筑。

蒙氏方略

父母应多带孩子接触周围的人和事，培养孩子的自信心。

三只小猪

难度★★★★★

游戏方法：家长先给孩子讲一讲《三只小猪》的故事，然后把下面的指偶剪下来，再请几个小朋友和孩子一起表演《三只小猪》的指偶剧。

蒙氏智语

用奖赏和惩罚激起的努力，是被迫的而不是发自内心的，并不会带来儿童的自然发展。就像职业赛马骑师在上马之前会给马一块糖，或车夫用鞭子抽打马以让它对命令有所反应，这种情况绝不会使马像在草原上那些自由飞奔的骏马一样雄伟壮观。